VEGETABLE WAGASHI

おうちで作れる野菜の和菓子

勝木友香・清水かをり

やさいの和菓子 は やさしい和菓子。

誰かの笑顔が見たくって、おいしいものをこしらえる。
それが私たちの真心です。
家族、恋人、友人……大切な人との語らいに
そっと添えたいお菓子は……？
と、辿り着いたのがこれでした。

脂質が少なく、世界的にもヘルシースイーツとして注目を浴びる和菓子。
多くの基本となるあんこは、近年、ダイエットにも良いといわれています。
そんな和菓子を、よりヘルシーに楽しんでいただくために
結び、出会わせたのが「野菜」です。

太陽と大地の恵みいっぱいに育った野菜が、
和菓子を風味豊かな味わいに……。
さらに、色とりどりの野菜は、
その自然の色味だけでお菓子を鮮やかに……。
着色料を使わない、おいしくて安全なお菓子ができました。

でも和菓子を作るのは難しそう……？
いいえ、ご安心ください。
本書では、すべての和菓子を誰でもご家庭で作れるよう、
簡単なレシピに仕上げております。

「やさいの和菓子」は大切な人に贈りたい「やさしい和菓子」。
どうぞ、おうちにあるその野菜で、甘いひとときをお楽しみください。

勝木友香・清水かをり

CONTENTS

02 やさいの和菓子はやさしい和菓子

06 この本の注意事項

80 手土産で使えるラッピングアイディア

92 和菓子作りに使用する主な材料

94 和菓子作りに使用する主な道具・型

SPRING & SUMMER

春夏の野菜を使った和菓子

08 トマトの水ようかん

10 ミニトマトのあんみつ

12 ミニトマトの大福

13 枝豆の塩大福

14 ミニトマト飴

16 枝豆のずんだ餅

18 枝豆の甘納豆

19 グリンピースの豆菓子

20 そら豆のぼたもち

22 青じその道明寺風梅餅

24 ピーマンの葛練

26 赤パプリカのわらび餅

28 とうもろこしの浮島

30 とうもろこしのかりんとう

32 なすの水まんじゅう

34 なすのおやき

春夏秋冬の練り切り

38 ビーツの練り切り（桜）

39 そら豆の練り切り（四つ葉）

40 かぼちゃの練り切り（紅葉）

41 紫いもの練り切り（菊）

42 白の練り切りあん

42 野菜の練り切りあん

   ビーツ

   そら豆、さつまいも、かぼちゃ、紫いも

AUTUMN & WINTER

秋冬の野菜を使った和菓子

- 44 小松菜の串団子
- 46 春菊餅
- 48 ほうれん草のどら焼き
- 50 にんじんのかすてら
- 52 ごぼうのブッセ
- 54 大根の八つ橋風
- 56 れんこんの揚げ団子
- 58 かぼちゃの葛練
- 60 アボカドのようかん
- 62 ねぎのおかき
- 64 さつまいものきんつば
- 66 さつまいもの練乳まんじゅう
- 68 さつまいもと紫いもの茶巾絞り
- 69 紫いものお汁粉
- 72 じゃがいものいそべ餅
- 74 里いもの味噌まんじゅう
- 76 大和いもの薯蕷まんじゅう
- 78 長いものみたらし団子

あんの作り方

- 82 つぶあん
- 84 こしあん
- 87 白こしあん
- 90 そら豆あん、さつまいもあん
- 91 かぼちゃあん、紫いもあん

この本の注意事項

- 野菜は個体によって、また時季によって含まれる水分の量などに差があります。レシピのとおりに作ってもうまくいかない場合は、野菜の量を調整してください。

- 本書に掲載のレシピは基本的に野菜を使ったものですので、野菜を使わない一般的な和菓子と比べて消費期限が短くなります。特別な記載がない限り、その日中に食べ切るようにしてください。

- 分量はすべて「一度に作りやすい量」を記載しています。そのため「あん」や「練り切りあん」など、多めにできるものがあります。

- 小さじは5ml、大さじは15mlです。その他、特別な記載がない限り、本書では液体も「g」で表記しています。

- 「揚げ油」はすべて「サラダ油」を使用しています。

- 「卵」はすべて「Mサイズ」のものを使用しています。

- 電子レンジの加熱時間は特別な記載がない限り、600Wのものを基準にしています。500Wの場合は1.2倍、700Wの場合は0.8倍を目安に時間を調整してください。なお電子レンジもオーブンも、機種によって仕上がりが異なる場合があります。

SPRING & SUMMER VEGETABLE

春夏の野菜を使った和菓子

TOMATO
CHERRY TOMATO
EDAMAME
GREEN PEAS
FAVA BEANS
JAPANESE SHISO LEAVES
GREEN PEPPER
RED PAPRIKA
SWEET CORN
EGGPLANT

トマトの水ようかん
TOMATO

トマトの甘みをしょうがでキリッと引き立てます。
氷水で鍋ごと冷やす際、
時間をかけ過ぎると液が固まってしまうので
とろみが付いたら素早く型に流し込みましょう。

材料（90mlのプリンカップ4個分）
トマト　250g
白こしあん　240g
上白糖　20g
粉寒天　3g
しょうが汁　小さじ½
水　適量

作り方

1　トマトは一口大に切って耐熱ボウルに入れ、電子レンジで2分30秒加熱する。軽く押して潰れるくらいの柔らかさになったらフォークでしっかりと潰し、ザルで濾して種と皮を取り除く。

2　濾した後の1の重さを計量し、合計300gとなる分量の水を用意する。（1が230gなら水70g）

3　鍋に粉寒天、2で用意した水を強火で熱して沸騰させ、木べらでゆっくりと混ぜながらしっかりと煮溶かす。粉寒天が溶けたら火を止め、上白糖を加えて中火にし、混ぜながら溶かす。透明感が出てきたら白こしあん、しょうが汁、1を加える(a)。抵抗を感じるくらいとろみが付くまで混ぜ合わせる(b)。

4　氷水を張ったボウルに3の鍋を入れ、冷やしながら混ぜ合わせる。とろみが付いたら、液が固まらないうちにプリンカップなど好みの型に均等に流し入れ、冷蔵庫で冷やし固める。
※冷蔵保存で、作った翌日までに食べ切ってください。

a

b

CHERRY TOMATO
ミニトマトのあんみつ

「フルーツあんみつ」ならぬ「野菜あんみつ」。
柔らかくジューシーなミニトマトは
モチモチの白玉とよく合います。
黒蜜をたっぷりかけて、めしあがれ。

材料（容器2つ分）
◎ミニトマトの蜜煮　　　◎白玉団子
ミニトマト　8個　　　　白玉粉　45g
上白糖　80g　　　　　　水　40g
水　100g

　　　　　　　　　　　◎黒蜜
◎寒天　　　　　　　　　上白糖、黒糖　各30g
上白糖　15g　　　　　　水　60g
粉寒天　2g
水　250g　　　　　　　 つぶあん　70g

下準備
・ミニトマトは湯剥きしておく。

作り方

1　寒天：鍋に粉寒天、水を強火で熱して沸騰させ、木べらでゆっくりと混ぜながらしっかりと煮溶かす。粉寒天が溶けたら火を止め、上白糖を加えて中火にし、混ぜながら溶かす。氷水を張ったボウルに鍋を入れ、冷やしながら混ぜ合わせる。粗熱が取れたら好みの容器に半量ずつ流し入れ、冷蔵庫で冷やし固める。

2　ミニトマトの蜜煮：小鍋に上白糖、水を中火で熱し、木べらでゆっくりと混ぜる。上白糖が溶けたらミニトマトを加え、ひと煮立ちさせる。氷水を張ったボウルに鍋を入れ、粗熱が取れたら冷蔵庫で冷やす。

3　白玉団子：ボウルに白玉粉を入れ、水を少しずつ加えながらよくこねて耳たぶくらいの柔らかさにする(a)。8等分にして丸める(b)。鍋にたっぷりの水（分量外）を強めの中火で熱し、沸騰したら白玉を入れる。浮き上がってから1分茹でたら冷水に取り、冷めたらザルにあげて水分をよくきる。

4　黒蜜：鍋に上白糖、黒糖、水を弱火～中火で熱する。沸騰しないように注意しながら、木べらで混ぜて砂糖を煮溶かす。軽くとろみが出てきたら、氷水を張ったボウルに鍋を入れて粗熱を取る。

5　仕上げ：固まった1（寒天）の上に2（ミニトマトの蜜煮）、3（白玉団子）、つぶあんを乗せ、4（黒蜜）を回しかける。

ミニトマトの大福

12

枝豆の塩大福

CHERRY TOMATO ミニトマトの大福

水飴でコーティングした「ミニトマト飴」を、白あんと一緒に包んだ一品。
工程1で飴を指でしっかりと馴染ませると、野菜の水分が漏れ出るのを防げます。

材料（6個分）
ミニトマト飴（ページ下部参照）　6個
白こしあん　120g

A
| もち粉　100g
| 上白糖　50g
| 水　120g

片栗粉（手粉用）　適量

下準備
・白こしあんは6等分して丸め、あん玉を作っておく。

作り方

1　ミニトマト飴はクッキングシートから外す。紙と接していた面を親指と人差し指で挟み込んで飴を馴染ませたら(a)、あん玉で包む。冷蔵庫で30分ほど冷やす。

2　耐熱ボウルにAを入れ、均一になるまで泡立て器で混ぜ合わせる。ラップをかけて電子レンジで2分加熱し、一度取り出して濡れた木べらでよく混ぜる。再びラップをかけて電子レンジで2分加熱し、取り出してよく混ぜる。全体が混ざったら、生地が持ち上がるくらい弾力が出るまで力強く20回ほどこねる(b)。

3　バットに片栗粉（手粉用）を広げて、あれば手にミズキリ（P.95参照）を付け、2の生地を広げて6等分にし、1を包む(c)。

ミニトマト飴

材料（6個分）
ミニトマト　6個
水飴　50g

作り方
耐熱ボウルに水飴を入れ、電子レンジで30秒加熱する。ミニトマトを加えて全体を絡め、クッキングシートを敷いたバットに並べて、冷蔵庫で冷やす。

a

b

c

枝豆の塩大福
EDAMAME

ほどよい塩気の枝豆は
上品な甘さの白あんと好相性。
大福生地は乾燥して固くなりやすいので、
素早く包むのがポイントです。

材料(6個分)
枝豆(冷凍のもの)　42粒(約30g)
白こしあん　150g
A
　もち粉　100g
　上白糖　50g
　水　120g
　塩　ひとつまみ
塩　ひとつまみ
片栗粉(手粉用)　適量

下準備
・白こしあんは6等分して丸め、あん玉を作っておく。

作り方

1　枝豆は流水にさらして解凍し、薄皮を剥く。フライパンを中火で熱して枝豆を空煎りし、塩をふって、水分がなくなるまで煎る。

2　耐熱ボウルにAを入れ、均一になるまで泡立て器で混ぜ合わせる。ラップをかけて電子レンジで2分加熱し、一度取り出して濡れた木べらでよく混ぜる。再びラップをかけて電子レンジで2分加熱し、取り出してよく混ぜる。全体が混ざったら、生地が持ち上がるくらい弾力が出るまで力強く20回ほどこねる。

3　バットに片栗粉(手粉用)を広げ、あれば手にミズキリ(P.95参照)を付ける。2の生地を広げて6等分にし、1を7粒ずつ乗せてあん玉を包む(a、b)。

a

b

枝豆のずんだ餅
EDAMAME

冷凍枝豆は塩茹でされたものを使うと
「甘じょっぱさ」を堪能できて◎
単に器に盛るのではなく、あんと白玉を
交互に並べて白と緑の世界を楽しみましょう。

材料（白玉15個分）
枝豆(冷凍のもの)　75g
グラニュー糖　15g
水　50g
A
　白玉粉　100g
　水　90g

作り方

1　枝豆を流水にさらして解凍し、薄皮を剥く。フードプロセッサーで攪拌し、好みの粗さにペーストする。

2　フライパンに1、水を弱火で熱して煮る。ペースト状になったらグラニュー糖を加え、粘り気が出るまで混ぜ合わせて、ずんだあんを作る(a)。

3　ボウルにAを入れ、耳たぶくらいのかたさになり艶が出るまで混ぜる。15等分して一口大に丸め、真ん中を凹ませる(b)。

4　鍋にたっぷりの水(分量外)を強めの中火で熱し、沸騰したら3を入れる。白玉が浮き上がってから1分ゆでたら冷水に取り、冷めたらザルにあげて水分をよくきる。

5　4を器に盛り、2のずんだあんを飾る。

枝豆の甘納豆
EDAMAME

小さな豆にギュッと詰まった、豊かな甘みが堪らない一品。
よく煎ってしっかり水分を飛ばして。

材料（小さめの茶碗1杯分）
枝豆(冷凍のもの)　100g（約140粒）
グラニュー糖　大さじ3
A
　グラニュー糖　40g
　水　大さじ1

作り方

1　枝豆は流水にさらして解凍し、薄皮を剥く。フライパンを中火で熱して枝豆を空煎りする。Aを加え、水分がなくなりとろみが付くまで混ぜながら煮詰める(a)。

2　バットにグラニュー糖を広げて1を加え、全体にまぶす。重ならないようにバットに広げ、常温に冷ます(b)。

素材の風味は残しながらも青のりが豆の青臭さを
消してくれるので、グリンピースが苦手な方にもオススメです。

材料（60個分）
グリンピース（さやから出した生のもの）　60粒
A
　上新粉　100g
　ベーキングパウダー　3g
⇒合わせてふるっておく
上白糖　10g
青のり　1g（約小さじ1）
水　70g
揚げ油、塩　各適量

作り方

1　ボウルにA、上白糖、青のりを入れる。水を少しずつ加えながらその都度混ぜ、ラップをかけて10分ほど寝かせる。

2　1を60等分（1個約3g）して丸めて平らにし(a)、グリンピースを包む(b)。

3　鍋に揚げ油を160℃で熱し、2を入れて軽く色付くまで揚げる。ペーパータオルを敷いたバットに取り出して油をきり、塩をまぶす。

※上新粉を丸めて油で揚げる際は、一定量の砂糖とベーキングパウダーを加えないと破裂する恐れがあるため、絶対にレシピの比率を変えないでください。
※乾燥剤と一緒に保存して、作った翌日までに食べ切ってください。

グリンピースの豆菓子
GREEN PEAS

そら豆のぼたもち
FAVA BEANS

香りの高いそら豆あんをふんだんに使った、
ちょっと贅沢な野菜ぼたもち。
きな粉は塩と混ぜてからまぶすことで、
ごはんとの相性をよりよくします。

材料（5個分）
そら豆あん（P.90参照）　300g
ごはん（白米ともち米を1対1で炊いたもの）　150g
A
| きな粉、塩　各適量

下準備
・ごはんはすりこぎで軽く潰しておく。（「半殺し」の状態が目安）
・Aは混ぜてバットに入れ、均一にならしておく。

作り方

1　そら豆あん、ごはんはそれぞれ5等分して丸める。

2　手を水で軽く湿らせ、あんを手の平に乗せて平らにする。
真ん中にごはんを乗せて包み、形を整える（a）。

3　Aを広げたバットに2を入れ、全体にまぶす（b）。

青じその道明寺風梅餅
JAPANESE SHISO LEAVES

米の風味がしっかりと残る道明寺粉は、梅肉と合わせても違和感なし。
「桜の葉の塩漬け」が手に入らなくてもチャレンジできる、手軽さが魅力です。

材料（10個分）
青じその塩漬け（ページ下部参照）　10枚
梅肉（しそ風味のもの）　20g
白こしあん（あれば固めのもの）　160g
A
　道明寺粉　150g
　上白糖　20g
　水　220g

下準備
- 梅肉はよくすり潰して白こしあんと混ぜて梅あんにし（a）、10等分して俵型に丸めておく。

作り方
1. 耐熱ボウルにAを入れてよく混ぜる。ラップをかけて電子レンジ（500W）で4分加熱し、そのまま置いて10分蒸らす。
2. 火傷に注意しながら、1を10等分して丸める。
3. 手を水で軽く濡らし、2を手のひらにのせ平らにする。梅あんを中央に乗せて包んで俵型に整え（b）、青じその塩漬けを巻く。

a

b

青じその塩漬け

材料（10枚分）
青じそ　10枚
塩　適量

作り方
青じそはよく洗い、キッチンペーパーで水分をしっかり拭き取る。保存容器に塩、青じそ、塩の順に交互に入れ、ふた（又はラップ）をして冷蔵庫に入れ、4日〜1週間漬ける。

ピーマンの葛練 GREEN PEPPER

まろやかでもったりとした
口当たりがクセになる、濃厚な葛練。
牛乳をたっぷりと使うのが
ピーマンの苦みを抑えるポイントです。

材料(ようかん型1本分)
ピーマン　5個(約150g)
A
　葛粉　60g
　上白糖　120g
　牛乳　320g
　水　250g

作り方

1　ピーマンはヘタとワタを取って一口大に切り、フードプロセッサーでしっかりと撹拌する。

2　ボウルに1、Aを入れて混ぜ、濾し器で濾す(a)。

3　鍋に2を中火で熱し、焦げないように木べらで一定方向に混ぜる。とろみが付いてきたら弱火にし、しっかりと弾力が出てくるまでさらに15分ほど混ぜる(b)。

4　3をようかん型(P.95参照)に流す。粗熱が取れたらラップをかけ、冷蔵庫で2日ほど冷やす。
※冷蔵保存で、作ってから2日程度で食べ切ってください。

型の代わりに、おちょこや小さめの茶碗を使ってもかわいく仕上がります。

RED PAPRIKA
赤パプリカのわらび餅

「洋野菜×和菓子」という新しい組み合わせ。
赤いきらめきは、まるでジュエリーのようです。
パプリカのエグみをレモン汁が和らげてくれるので
加えるのを忘れないで。

材料（玉子豆腐型・小1個分）
赤パプリカ（ヘタとワタを取ったもの）　80g
A
| わらび粉　60g
| 上白糖　80g
| レモン汁　小さじ½
B
| 上白糖　10g
| きな粉　20g
水　230g

下準備
・Bは混ぜ合わせておく。

作り方

1　パプリカは一口大に切ってフードプロセッサーで軽く撹拌し、水50gを加えてさらによく撹拌する。

2　ボウルに1、A、残りの水(180g)を入れ、ダマがなくなるまで混ぜる。濾し器で濾す。

3　鍋に2を中火で熱し、全体に透明感が出るまで練り混ぜる(a)。

4　さっと水で濡らした玉子豆腐型・小(P.95参照)に3を流し入れ、火傷に注意しながら水で濡らした手で表面を平らに馴染ませる(b)。氷水を張ったボウルに入れ(c)、冷やし固める。

5　4を型から外して好みの大きさに切り、Bをまぶす。

a

b

c

とうもろこしの浮島
SWEET CORN

とうもろこしの甘みを存分に楽しめる、
「和風蒸しパン」のようなお菓子。
刺した竹串に生地が付いてこないくらいが
おいしい蒸し上がりの目安です。

材料(玉子豆腐型・小1個分)
とうもろこし　40g
白こしあん　100g
卵　1個
A
｜上新粉、薄力粉　各6g
上白糖　10g

下準備
・とうもろこしは実を芯から外し、みじん切りにしておく。
・卵は卵黄、卵白に分けておく。
・Aは合わせてふるっておく。
・蒸し器に水(分量外)を入れて火にかけ、
　蒸気があがるようにしておく。
　中に水滴が落ちないよう、ふたに布巾を巻いておく。
・クッキングシートを型より少し高めに折り、型に敷いておく(a、b)。

作り方
1　ボウルに上白糖の半量、卵白を入れ、ハンドミキサーで軽くツノが立つくらいまで泡立てる。

2　別のボウルに卵黄、残りの上白糖(5g)を入れてゴムべらですり混ぜる。白こしあん、とうもろこしを加えて軽く混ぜ、さらにAを加えて(c)なめらかになるまでしっかりと混ぜる。

3　1と2をさっくり混ぜ合わせる。

4　3を玉子豆腐型・小(P.95参照)に流し入れて予熱しておいた蒸し器に入れ、強火で10分蒸す。中火にして、さらに20分蒸す。

5　型から取り出してクッキングシートをはがし、粗熱が取れたら好みの大きさに切り分ける。

a

b

c

SWEET CORN
とうもろこしのかりんとう

素朴で懐かしい味わいの奥に
とうもろこしの存在をほのかに感じます。
湿気やすいので、作ったら密閉容器に
乾燥剤とともに入れるようにしましょう。

材料（380g分）
とうもろこし　50g
卵　1個
A
　薄力粉　150g
　ベーキングパウダー　4g
水、サラダ油　各大さじ1
揚げ油　適量
B
　上白糖　100g
　水　25g
薄力粉（打ち粉用）　適量

下準備
・とうもろこしは実を芯から外しておく。
・Aは合わせてふるっておく。

作り方

1　ボウルに卵を溶きほぐし、水、サラダ油を加えて混ぜる。Aを加え、木べらなどで混ぜ合わせる。なめらかになったら生地を丸めてラップをして、10分ほど寝かせる。

2　とうもろこしを加えて混ぜ、手で太めの棒状にのばす(a)。薄力粉(打ち粉用)を広げた大きめのまな板にのせ、麺棒などで厚さ3mmほどにのばす。

3　包丁で長さ5cm、幅5mmに切り分け(b)、軽くねじる(c)。

4　鍋に揚げ油を150℃に熱して3を入れ、音が静かになってきたら、一度取り出す。170℃に上げ、軽いきつね色が付くまで揚げる。

5　フライパンにBを中火で熱して煮詰め、とろみが付いたら4を加えて混ぜ合わせる。全体に絡んだら火から下ろし、表面が乾いてパサパサになるまでさらに混ぜ合わせる。

※乾燥剤と一緒に保存して、作った翌日までに食べ切ってください。

a

b

b

なすの水まんじゅう
EGGPLANT

砂糖で煮詰めた角切りなすが、
まるでコンポートされたリンゴのような
甘く瑞々しい味わいに。
暑い夏の日にぴったりの一品です。

材料(5個分)
なす 小1本(正味約70g)
白こしあん 70g
葛粉 30g
上白糖 50g
水 135g
A
　上白糖 25g
　レモン汁 大さじ2

作り方

1. なすはヘタを落として皮を剥いて角切りにし、水に15分さらしてザルにあげる。鍋になす、Aを入れて強めの中火で熱し、水分がなくなり照りが出るまで混ぜながら煮詰める。白こしあんを加えて水分が飛ぶまでよく混ぜる。バットに広げて冷まし、5等分して丸める。

2. ボウルに葛粉、水を入れて混ぜ、ダマがなくなったら上白糖を加えてさらに混ぜる。濾し器で濾す(a)。

3. 鍋に2を中火で熱し、透明になるまで素早く練り混ぜて火を止める。

4. 浅い湯のみ(もしくは、おちょこ)にラップを敷き、さっと水をくぐらせてから3を1/5量ずつ流し入れる。中央に1を押し込み(b)、ラップの上をねじるように絞って口を輪ゴムで止める。

5. 氷水を張ったボウルに入れ、冷やし固める(c)。

a

b

c

EGGPLANT
なすのおやき

味噌ベースで味付けしたなすを
モチモチの皮で包んだおやきは、小腹が空いたときにぴったり。
柚子胡椒の量は好みで調整してください。

材料(6個分)
なす　小3と½本(約250g)
熱湯　150g
ごま油　適量
A
| 酒、味噌、みりん　各大さじ2
| 柚子胡椒　小さじ½〜¾
B
| 強力粉、薄力粉　各100g
| 塩　ひとつまみ
薄力粉(打ち粉用)　適量

作り方

1　なすはヘタを落としてさいの目切りにし、水にさらす。フライパンにごま油を中火で熱し、なすを入れて炒める。しんなりしたらAを加えて全体が馴染むまで混ぜ、取り出して6等分にする。

2　ボウルにBを入れて混ぜ、熱湯を加えて火傷に注意しながら耳たぶくらいの固さになるまで手で混ぜる。一塊にまとめ、ラップをかけて1時間以上冷蔵庫で寝かせる。

3　薄力粉(打ち粉用)を広げたまな板に、2を6等分にして平らにする。1を中央にのせ(a)、生地の上下、左右をくっつけるようにつまむ(b)。さらに、ひだの部分をくっつけるようにつまんで成形する(c)。

4　フライパンにごま油を中火で熱し、3を入れて焼く。途中でひっくり返し、両面こんがり色付いたら、フライパンの⅓くらいまで水(分量外)を入れ、ふたをして蒸し焼きにする。

5　水分がなくなったらふたを外し、再び両面をこんがり焼く。

a

b

c

春夏秋冬の練り切り

ビーツ／そら豆／かぼちゃ／紫いも

四季折々の花などを模した
伝統的な和菓子である「練り切り」。
本書では着色料を一切使わず、野菜本来の
色味を生かして鮮やかに仕上げました。

ビーツの練り切り（桜）

材料（5個分）
ビーツの練り切りあん（P.42参照） 100g
白こしあん 85g
好みの野菜の練り切りあん（P.42参照） 5g

下準備
- すべての材料はそれぞれ5等分して丸め、あん玉を作っておく。

作り方

1
ビーツの練り切りあんを手の平で広げ、白こしあんのあん玉を包んで形を整える。

2
箸の先で中央に1点、目印を付ける。

3
2の点にバターナイフの先を置き、そのまま軽く押して線を入れる。

4
3の状態で軽く力を入れたまま、バターナイフを手前側に90度ほど回転させて斜めに線を入れる。

5
隙間を均等にして3、4を5回くり返し（5本線を引き）、花びらの形を作る。

6
花びらの線の真ん中あたりから、隣の花びらの線の先端（底面側）を目掛けて、バターナイフで軽く線を入れる。これも同様に5回行う。

7
2の点から外側に向け、バターナイフで5の花びらの線と線の間に短く線を入れる。これも同様に5回行う。

8
7で入れた線の先を目掛けて、底側からバターナイフで短めに線を入れる。これも同様に5回行う。

9
好みの野菜の練り切りあんを茶濾し（なければ目の細かい濾し器）に押し当て、花の先端の飾り（柱頭）を作る。

10
2の点をもう一度箸で刺して穴を軽く広げてから、9をその穴部分に乗せる。

そら豆の練り切り（四つ葉）

材料（5個分）
そら豆の練り切りあん（P.42参照）　100g
白こしあん　85g
白の練り切りあん（P.42参照）　10g

下準備
- そら豆の練り切りあん、白こしあんはそれぞれ5等分して丸め、あん玉を作っておく。
- 白の練り切りあんは10等分し、それぞれ涙のような形に整えておく（画像参照）。

作り方

1
そら豆の練り切りあんを手の平で広げ、親指の関節部分で穴が開かない程度に中央をぐっと押す。

5
白こしあんのあん玉を包んで、形を整える。

2
1のくぼみに白の練り切りあんを1つ入れ、手の平で広げる。

6
薬指か小指の側面で、底面より少し上あたりから、天面の中心を目掛けて十字に短めの線を入れる。
※中心まで達しないくらいの短さが目安。

3
2を再度、親指の関節部分で穴が開かない程度に中央をぐっと押す。

7
6で入れた線と線の間あたりに、6より少し短めの線を指の側面を使って4本入れる。

4
3のくぼみにもうひとつの白の練り切りあんを入れ、手の平で広げる。

8
バターナイフを使って、6、7で入れた8本の線をそれぞれなぞり、よりくっきりとした線に仕上げる。

かぼちゃの練り切り（紅葉）

材料（5個分）
かぼちゃの練り切りあん（P.42参照）　100g
白こしあん　85g

下準備
- かぼちゃの練り切りあん、白こしあんはそれぞれ5等分して丸め、あん玉を作っておく。

作り方

1
かぼちゃの練り切りあんを手の平で広げ、白こしあんのあん玉を包んで形を整える。

2
薬指か小指の側面で、底面より少し上あたりから、天面の中心を目掛けて1本短めの線を入れる。この線から90度くらい離した位置に、同様に天面の中心へと線を入れる。
※中心まで達しないくらいの短さが目安。

3
2で入れた2本の線からそれぞれ50度くらい離した位置(2か所)に、2と同様に線を入れる。
※この線は天面の中心より少し下側に外れた位置を目掛け、2本がだいたい平行となるのが目安。また、線同士の先端はくっつけない。

4
さらに3で入れた2本の線からそれぞれ60度くらい離した位置(2か所)に、3の線の先端あたりを目掛けて短めの線を入れる。

5
2〜4で入れた6本の線と線の間が紅葉の葉となるので、その部分をつまんで軽く尖らせる。
※練り切りを持っている方の手の親指で上から軽く力を入れ、もう片方の手の親指と人差し指でつまむようにして形作る。

6
5で尖らせた紅葉の葉の先端から少し内側あたりにバターナイフを当て、5本線を引いて葉脈を作る。

7
バターナイフを使って、2〜4で入れた6本の線をそれぞれなぞり、よりくっきりとした線に仕上げる。

紫いもの練り切り（菊）

材料（5個分）
紫いもの練り切りあん（P.42参照） 45g
白の練り切りあん（P.42参照） 60g
白こしあん 85g
好みの練り切りあん（飾り用・P.42参照） 5g

下準備
- すべての材料はそれぞれ5等分して丸め、あん玉を作っておく。

作り方

1
紫いもの練り切りあんを手の平で広げる。

2
白の練り切りあんも同様に手の平で広げ、1をその上に重ねる。手で挟み込んで互いをくっつける。

3
2の白の練り切りあんの側に白こしあんのあん玉を包んで、形を整える。

4
箸の先で中央に1点、目印を付ける。

5
底面から4の点に向かって、バターナイフで十字に線を引く。

6
5の線と線の間を等分するように、さらに2本ずつ底面から中心に向かって線を引く。
※4、5の合計で12本の線を引く。

7
6の線と線の間に中央から外側に向けて箸の頭を押し当て、下の白い練り切り生地が軽く見える程度までくぼませる。これを12か所で行ったら、飾り用の練り切りあんを4の中心点にのせる。

白の練り切りあん

材料（100g分）
白こしあん　110g
A
| 白玉粉　2g
| 上白糖、水　各4g

作り方

1. Aは小さめの耐熱容器に入れてよく混ぜる。電子レンジで30秒加熱し、透明になるまで混ぜる(a)。
2. 1、白こしあんを鍋に入れて混ぜる。弱火で熱し、弾力が出るまで練る(b)。
   ※手で触っても、ぺたぺたしない程度が目安。

a

b

野菜の練り切りあん

◎ビーツの練り切りあん

材料（100g分）
ビーツ　10g
白こしあん　110g
A
| 白玉粉　2g
| グラニュー糖、水　各4g

作り方

1. ビーツと白こしあんをフードプロセッサーで撹拌し、ボウルに入れてよく混ぜる。
2. Aは小さめの耐熱容器に入れてよく混ぜる。電子レンジで30秒加熱し、透明になるまで混ぜる。
3. 鍋に1を入れて弱めの中火で熱し、2を数回に分けて混ぜながら加える。よく練りあげたら火から下ろす。

◎そら豆、さつまいも、かぼちゃ、紫いもの練り切りあん
　※全て作り方は共通

材料（100g分）
そら豆あん、さつまいもあん、かぼちゃあん、紫いもあん
　（P.90、91参照）から1種　120g
A
| 白玉粉　2g
| 上白糖、水　各4g

作り方

1. Aは小さめの耐熱容器に入れてよく混ぜる。電子レンジで30秒加熱し、透明になるまで混ぜる。
2. 鍋に野菜あんを入れて弱めの中火で熱し、1を数回に分けて混ぜながら加える。よく練りあげたら火から下ろす。

AUTUMN & WINTER VEGETABLE

秋冬の野菜を使った和菓子

KOMATSUNA
SHUNGIKU
SPINACH
CARROT
BURDOCK
JAPANESE RADISH
LOTUS ROOT
PUMPKIN
AVOCADO
GREEN ONION
SWEET POTATO
PURPLE SWEET POTATO
POTATO
TARO
YAMATO YAM
NAGAIMO YAM

小松菜の串団子
KOMATSUNA

青菜の豊かな風味を楽しめる、
かわいらしいお団子です。
串に成形用の蜜を塗っておくと刺しやすくなって◎

材料（18個分）
小松菜　40g
つぶあん　好みの量
もち粉　100g
上白糖　25g
水　75g
A
│　水　10g
│　上白糖　10g

下準備
・Aは耐熱容器に入れ、電子レンジで30秒加熱して混ぜて
　成形用の蜜を作っておく。（P.95参照のミズキリがある場合は不要）

作り方

1　小松菜、水をフードプロセッサーで攪拌する。

2　耐熱ボウルにもち粉、上白糖を入れ、1を加えながら泡立て器で均一になるまで混ぜる。ラップをかけ、電子レンジで2分加熱する。

3　一度取り出し、濡れた木べらでよく混ぜる。再びラップをかけて電子レンジで2分加熱し、取り出してよく混ぜる。全体が混ざったら、生地が持ち上がるくらい弾力が出るまで力強く20回ほどこねる(a)。

4　手にミズキリもしくは成形用の蜜(A)を付けて、3を18等分して丸める(b)。串に刺して器に盛り、つぶあんをのせる。

a

b

45

春菊餅
SHUNGIKU

ほどよい苦みの春菊が意外なほどあんこに合うんです。
まるでよもぎ餅のような、噛むほどに広がる
豊かな香りを存分に堪能してみて。

材料（6個分）
春菊　20g
こしあん　150g
もち粉　100g
上白糖　50g
水　110g
片栗粉(手粉用)　適量

作り方
・こしあんは6等分して丸め、あん玉を作っておく。

作り方

1. 春菊、水をフードプロセッサーで攪拌する。

2. 耐熱ボウルにもち粉、上白糖を入れ、1を加えながら泡立て器で均一になるまで混ぜる(a)。ラップをかけ、電子レンジで2分加熱する。一度取り出し、濡れた木べらでよく混ぜる。再びラップをかけて電子レンジで2分加熱し、取り出してよく混ぜる。全体が混ざったら、生地が持ち上がるくらい弾力が出るまで力強く20回ほどこねる。

3. 片栗粉(手粉用)を広げたバットに2を出し、あれば手にミズキリ(P.95参照)を付けて、火傷に注意しながら6等分してあん玉を包む(b)。

SPINACH
ほうれん草のどら焼き

生地だけでなく、クリームにも
ほうれん草を練り込むことで色鮮やかな仕上がりに。
定番どら焼きに飽きたら、ぜひ。

材料（6個分）
ほうれん草（茹でたもの）　45g
つぶあん　120g
卵　2個
薄力粉、上白糖　各100g
ハチミツ　10g
水　適量

A
| 生クリーム　70g
| 上白糖　10g

B
| 生クリーム　30g
| 上白糖　5g

C
| 重曹　2g
| 水　5g

下準備
・つぶあんは6等分して丸め、あん玉を作っておく。
・薄力粉、上白糖はそれぞれふるっておく。
・Cは混ぜ合わせておく。

作り方

1　ほうれん草30gをフードプロセッサーで攪拌し、取り出す。

2　ボウルにAを入れ、ハンドミキサーの高速でツノが立つまでしっかり泡立てる。

a

3　残りのほうれん草（15g）、Bをフードプロセッサーでクリームに野菜の色が付くくらいまで攪拌する（かけ過ぎると分離するので注意）。2のボウルに加え、ハンドミキサーの高速で泡立てる。

4　ボウルに卵を割り入れ、卵黄と卵白がよく混ざるまで泡立て器で混ぜる。上白糖を加えて均一になるまで混ぜ、ハチミツを加えてさらに混ぜる。もったりしたら1、Cを加え（a）、均一になるまで混ぜる。

b

5　4に薄力粉を3回に分けて加え、ダマにならないようにその都度すり混ぜる。冷蔵庫で30分ほど寝かせる。水を少しずつ加え、生地を上から落としたときに表面が少しくぼむくらいの固さになるよう調整する（b）。

6　ホットプレートを165℃（フライパンの場合は中火）に熱し、5の生地大さじ1を高い位置から1点目掛けて落とす（c）。気泡が全体的に出てきたらへらでひっくり返し、軽く焼き色が付くまで裏も焼く。同様に全部で12枚焼く。

c

7　3、あん玉をのばしたものを6の生地2枚で挟み込む。

にんじんのかすてら
CARROT

にんじんが苦手な人にも食べてほしい、
和のキャロットケーキ。
ラップをかけて一晩冷蔵庫で寝かせると
さらにしっとり、おいしくなります。

材料（玉子豆腐型・大1個分）
にんじん（すりおろしたもの） 75g
卵　3個
強力粉　90g
上白糖　120g
ざらめ糖　30g
ハチミツ　36g
みりん　8g

下準備
・卵は卵黄、卵白に分けておく。
・強力粉はふるっておく。
・クッキングシートを折り（P.29参照）、型に敷いておく。
・オーブンは180℃に予熱しておく。

作り方

1 ボウルに卵白、上白糖40gを入れて泡立て器で混ぜる。ハンドミキサーでツノが立ってもったりするまで高速→中速→低速の順に混ぜる（a）。

2 別のボウルに卵黄、残りの上白糖（80g）を入れて泡立て器で混ぜる。もったりとしたらにんじん、ハチミツ、みりんを加え、均一になるまで混ぜる。

3 1のボウルに2を加え、ハンドミキサーの低速で混ぜる。均一に混ざったら強力粉を3回に分けて加え、粉気がなくなるまでその都度混ぜる。全体が混ざったら、ざらめ糖を満遍なく広げ入れた玉子豆腐型・大（P.95参照）に流し入れる（b）。生地の表面が平らになるように、型を10cmほどの高さから数回落とす（c）。

4 生地に竹串を垂直に差し込み、生地を切るように満遍なく串をゆっくりと動かして気泡を潰す。1分待ってから、再度竹串で気泡を潰す。これを合計3回行う。

5 予熱したオーブンで10分加熱し、160℃でさらに50分加熱する（途中で様子を確認し、表面に綺麗な焼き色が付いたら火傷に注意しながらアルミホイルを被せる）。粗熱が取れたらクッキングシートをはがし、食べる直前に好みの大きさに切る。
※冷蔵保存で、作った翌日までに食べ切ってください。

a

b

c

BURDOCK
ごぼうのブッセ

焼き上がりの芳ばしい香りが堪らない、
ごぼう入りの焼き菓子。卵白と上白糖をしっかりと
泡立てるのが、上手に作るコツです。

材料（10個分）
ごぼう（すりおろしたもの）　10g
つぶあん　130g
卵　1個
薄力粉、上白糖　各25g
片栗粉　5g
バター（無塩）　10g

下準備
・つぶあんは10等分しておく。
・卵は卵黄、卵白に分け、卵黄はすり混ぜておく。
・薄力粉はふるっておく。
・バターは電子レンジで加熱し、溶かしておく。
・オーブンは180℃に予熱しておく。

作り方

1　ボウルに卵白を入れる。上白糖を数回に分けて加えて、その都度混ぜる。ハンドミキサーの高速でツノが立つまでしっかり泡立てる。

2　1に卵黄、ごぼうを加えて混ぜ合わせる(a)。さらに薄力粉、片栗粉を加え混ぜ合わせる。

3　クッキングシートを敷いたオーブンの天板に、絞り袋に入れた2を直径4cmくらいまで広がるように絞る(b)。同様に合計20枚分絞る。

4　予熱したオーブンで13分ほど焼き、金網の上に取り出して冷ます。

5　4の半量(10枚)の内側にバターを塗って(c)つぶあんを乗せ、もう1枚(バターを塗っていない方)で挟む。

a　b　c

大根の八つ橋風
JAPANESE RADISH

京都の定番土産に野菜を加えてアレンジしました。
大根はあまり水分をきり過ぎると
生地が混ざらずのばしにくいので、要注意。

材料（8個分）
大根おろし（水分を軽くきったもの）　100g
つぶあん　160g
きな粉　大さじ4
A
│　上新粉　35g
│　白玉粉　20g
│　上白糖　25g
きな粉（打ち粉用）　適量

下準備
・つぶあんは8等分して丸め、あん玉を作っておく。

作り方
1　耐熱ボウルにAを入れて混ぜる。大根おろしを少しずつ加えながら、均一になるまで混ぜる(a)。

2　1のボウルにラップをかけて電子レンジで2分加熱し、一度取り出し濡れた木べらでよく混ぜる。再びラップをかけて電子レンジで2分加熱し、取り出してよく混ぜる。

3　きな粉を満遍なく広げたまな板に2を出し、粉を練り込むようにこねながら混ぜ合わせる(b)。

4　きな粉（打ち粉用）をまな板に広げる。麺棒で3を薄くのばし、7.5cm四方の正方形を8枚切り分ける。生地の中央にあん玉をのせて、三角形に折る(c)。

れんこんの揚げ団子
LOTUS ROOT

揚げたてアツアツを頬張りたい
れんこんたっぷりの甘いお団子。
香り豊かなごまはケチケチせず、大胆にまぶしましょう。

材料(8個分)
れんこん　120g
こしあん　160g
白玉粉　30g
上白糖　15g
白ごま、揚げ油　各適量

下準備
・こしあんは8等分して丸め、あん玉を作っておく。

作り方
1　れんこんは酢水(分量外)にさらしてアク抜きし、皮を剥いてすりおろして軽く水分をきる。

2　ボウルに1、白玉粉、上白糖を入れて混ぜ、8等分して丸める。手のひらに乗せて平らにし、あん玉を包んで白ごまをまぶす(a、b)。

3　鍋に揚げ油を160℃に熱し、2を入れてごまが軽く色付くまで揚げる。

a

b

かぼちゃの葛練

PUMPKIN

かぼちゃ×牛乳という、間違いのない組み合わせ。
葛粉ならではの、ねっとりとした
口当たりはクセになります。

材料（ようかん型1本分）
かぼちゃあん（P.91参照）　150g
上白糖　80g
葛粉　50g
牛乳　320g
水　220g

作り方
1　ボウルにすべての材料を入れてよく混ぜ、目の粗い濾し器で濾す（a）。

2　鍋に1を中火で熱し、焦げないように木べらで一定方向に混ぜる。とろみが付いてきたら弱火にし、しっかりと弾力が出てくるまでさらに15分ほど混ぜる（b）。

3　2をようかん型（P.95参照）に流す。粗熱が取れたらラップをかけ、冷蔵庫で1日半〜2日冷やす。
※冷蔵保存で、作ってから2日程度で食べ切ってください。

a

b

AVOCADO
アボカドのようかん

クリーミーなアボカドは
ようかんにするのに最適な野菜です。
少し加えるシナモンが、青臭さを抑えつつ
味わいのアクセントにもなって◎

材料（玉子豆腐型・小1個分）
アボカド　1個
白こしあん　130g
上白糖　80g
水飴　10g
粉寒天　4g
シナモンパウダー　小さじ1/4
水　125g

作り方

1　アボカドは種と皮を取って一口大に切り、耐熱ボウルに入れる。電子レンジで30秒加熱し、濾し器で濾す。

2　鍋に粉寒天、水を強火で熱して沸騰させ、木べらでゆっくりと混ぜながらしっかりと煮溶かす。粉寒天が溶けたら火を止め、上白糖を加えて中火にし、混ぜながら溶かす。透明感が出てきたら白こしあん、水飴、シナモンパウダー、1を加える(a)。木べらに抵抗を感じるくらいとろみが付くまで混ぜ合わせる(b)。

3　氷水を張ったボウルに2の鍋を入れ、冷やしながら混ぜ合わせる。とろみが付いたら、液が固まらないうちに玉子豆腐型・小(P.95参照)に流し入れ、冷蔵庫で冷やし固める。

※冷蔵保存で、作った翌日までに食べ切ってください。

a

b

ねぎのおかき
GREEN ONION

カリッと揚げたねぎは甘みが際立って非常に美味。
お米が原料の上新粉と、相性抜群です。

材料（50枚分）
長ねぎ　60g
上新粉　100g
水　65g
塩、揚げ油　各適量

作り方
1　長ねぎはみじん切りにしてボウルに入れ、上新粉を加える。水を数回に分けて加え、その都度混ぜる（耳たぶより固いくらいが目安）。

2　1を50等分（1個約4g）にして丸め、平らにする（a、b）。

3　鍋に揚げ油を170℃に熱して2を入れ、油跳ねに気を付けながらきつね色になるまで揚げる。ペーパータオルに取り、塩をまぶす。
※上新粉は丸めた状態で油で揚げると破裂する恐れがあるため、工程2で必ず平らにのばしてください。

a

b

SWEET POTATO
さつまいものきんつば

昔なつかしいお菓子・きんつば。
さつまいものあんをたっぷり使って
やさしい味わいの一品に仕上げました。

材料（9個分）
さつまいもあん（P.90 参照）　300g
上白糖　100g
粉寒天　4g
水　200g
サラダ油　適量

◎衣
薄力粉　70g
白玉粉　20g
上白糖　15g
水　110g

作り方

1　鍋に粉寒天、水を強火で熱して沸騰させ、木べらでゆっくりと混ぜながらしっかりと煮溶かす。粉寒天が溶けたら火を止め、上白糖を加えて中火にし、混ぜながら溶かす。さつまいもあんを少しずつ混ぜ溶かしながら加える。

2　氷水を張ったボウルに1の鍋を入れ、冷やしながらとろみが付くまで軽く混ぜる（a）。粗熱が取れたら玉子豆腐型・大（P.95 参照）に流し入れて冷蔵庫で冷やし固め、9等分に切り分ける。

3　衣：ボウルに白玉粉、上白糖、水を入れて混ぜる。薄力粉を数回に分けて加え、その都度混ぜて衣を作る。

4　フライパンに油を薄く引き、弱火で熱する。3の衣を2に一面ずつ付けて焼き（b、c）、これを全面くり返す。
※冷蔵保存で、作った翌日までに食べ切ってください。

a

b

c

さつまいもの練乳まんじゅう
SWEET POTATO

コロンとしたまぁるいフォルムがかわいらしい、焼きまんじゅう。しっとりあんとホロホロ生地の、異なる口当たりを楽しんでください。

材料（14個分）
さつまいもあん（P.90参照）　350g
卵　1個
薄力粉　155g
上白糖　40g
バター（無塩）　10g

コンデンスミルク　20g
A ┃ 重曹　2g
　┃ 水　2g

薄力粉（手粉用）　適量

下準備
- さつまいもあんは14等分（1個25gほど）して丸め、あん玉を作っておく。
- 薄力粉はふるっておく。（手粉用も同様）
- バターは電子レンジで加熱し、溶かしておく。
- Aは混ぜ合わせておく。
- オーブンは180℃に予熱しておく。

作り方
1. ボウルに卵を溶きほぐし、上白糖を加えてすり混ぜる。バター、コンデンスミルク、Aを加えて均一になるまで混ぜる。薄力粉（110g）をふるい入れ、混ぜ合わせる。ラップをかけて冷蔵庫に入れ、30分ほど寝かせる。

2. 残りの薄力粉（45g）を広げたバットに1を出す（a）。手にべたつかず耳たぶくらいの固さになるまで、折りたたみながら生地に粉を馴染ませる（b）。

3. 薄力粉（手粉用）を手に付け、生地を14等分（1個約15g）して丸めてあん玉を包む。

4. 予熱したオーブンで、焼き色が綺麗に付くまで15分ほど焼く。金網に乗せて冷やす。
   ※冷蔵保存で、作った翌日までに食べ切ってください。

a

b

さつまいもと紫いもの茶巾絞り

紫いものお汁粉

さつまいもと紫いもの茶巾絞り

SWEET POTATO & PURPLE SWEET POTATO

2つの野菜あんを、ギュッと絞って1つのお菓子に。
さつまいもと紫いもの、
異なる甘み・風味を楽しみましょう。

材料（6個分）
さつまいもあん、紫いもあん（P.90、91参照）　各90g
こしあん　60g

下準備
・すべての材料は6等分して丸め、あん玉を作っておく。

作り方

1. さつまいもあん、紫いもあんのあん玉を1個ずつ取り、合わせて丸める。境目のところを深くくぼませて、こしあんのあん玉を入れて包む(a)。

2. 固く絞った布巾(もしくはガーゼ、さらし)で1を包み、上をねじるように絞る(b)。
※冷蔵保存で、作ってから2日程度で食べ切ってください。

紫いものお汁粉
PURPLE SWEET POTATO

しつこくない、控えめな甘さが
ポイントの紫いもを使いました。
ほっと落ち着く一杯は冬のブレイクタイムに最適です。

材料（椀2杯分）
A
　紫いもあん（P.91参照）　200g
　上白糖　15g
　水　120g
白玉粉　25g
水　23g
塩　少々

作り方

1　ボウルに白玉粉を入れ、水を少しずつ加えながらよくこねて耳たぶくらいの柔らかさにする(a)。4等分にして丸める。

2　鍋にたっぷりの水（分量外）を強めの中火で熱し、沸騰したら1を入れる。白玉が浮き上がってから1分茹でたら冷水に取り、冷めたらザルにあげて水分をよくきる。

3　鍋にAを中火で熱する。よく混ぜて煮溶かし、塩で味を調える。

4　3を椀によそい、2を加える。

a

じゃがいものいそべ餅
POTATO

こんがり焼いたいものお餅を、
濃厚な"甘じょっぱダレ"にからめて。
普通のいそべ餅とはまた違ったおいしさを
堪能してください。

材料（4個分）
じゃがいも　300g
片栗粉　30g
上白糖　30g
しょうゆ　40g
塩　少々
サラダ油　適量
水溶き片栗粉
　片栗粉　大さじ½
　水　大さじ1
焼きのり（4cm四方のもの）　4枚

下準備
・水溶き片栗粉は小さめの容器に溶いておく。

作り方
1　じゃがいもは皮を剥き、2cm角に切って耐熱ボウルに入れる。ラップをかけて電子レンジで9分加熱する。

2　1をフードプロセッサーで撹拌してボウルに戻し、片栗粉、塩を加えて混ぜ合わせる。4等分にして平らな丸に成形する(a)。

3　フライパンに多めの油を中火で熱し、2を入れて揚げ焼きにする。ときどき返しながら、両面にこんがりと焼き色が付いて火が通ったら、一度取り出す。フライパンの油を捨て、キッチンペーパーで汚れを軽く拭き取る。

4　同じフライパンに上白糖、しょうゆを弱めの中火で熱して煮溶かす。一度火を止め、水溶き片栗粉を溶き入れて再び弱めの中火に熱し、軽くとろみが付いたら3を戻し入れる。煮絡めたら(b)器に盛り、片面に焼きのりを貼る。

TARO 里いもの味噌まんじゅう

和の定番おかずである「里いもの煮っころがし」。
これを1個丸々包み込んだ、
変わり種の蒸しまんじゅうです。

材料（10個分）
◎里いも煮
里いも（冷凍のもの）　10個
上白糖　120g
酒　25g
しょうゆ　20g
水　200g

◎生地
薄力粉　90g
A
|　上白糖　50g
|　しょうゆ、味噌　各5g
|　重曹　1.5g
水　20g
薄力粉（手粉用）　適量

下準備
・薄力粉はふるっておく。（手粉用も同様）
・霧吹きに水（分量外）を入れておく。
・蒸し器に水（分量外）を入れて火にかけ、
　蒸気があがるようにしておく。
　中に水滴が落ちないよう、ふたに布巾を巻いておく。

作り方

1　里いも煮：小鍋に里いも、水を中火で熱する。沸騰したら上白糖を加えて10分ほど煮て、酒、しょうゆを加える(a)。竹串がすっと入るくらいまで煮たら、器に取り出して乾かしておく。

2　生地：ボウルにAを入れて混ぜ、馴染んできたら水を加えて混ぜる。薄力粉を2～3回に分けて入れ、その都度ゴムべらでさっくりと混ぜる。全体が馴染んできたら丸くまとめてラップをし、冷蔵庫で1時間ほど寝かせる。

3　薄力粉（手粉用）を広げたバット（もしくはまな板）に2を出し、あれば手にミズキリ（P.95参照）を付けて、折りたたみながら粉を馴染ませる(b)。10等分して丸め、平らにする。

4　仕上げ：3で1の里いもを包み(c)、クッキングシートの上に間を空けて置く。霧吹きで全体に水を吹きかける。

5　予熱しておいた蒸し器に入れ、強火で10分蒸す。

75

大和いもの薯蕷まんじゅう
YAMATO YAM

フワフワ＆モチモチの口当たりは、
大和いもを練り込み生地を厚めにアレンジした
薯蕷まんじゅうならでは。
雪のように美しい白さもポイントです。

材料（7個分）
大和いも　50g
こしあん　140g
上用粉　60〜80g（手粉含む）
上白糖　100g

下準備
- こしあんは7等分して丸め、あん玉を作っておく。
- 霧吹きに酢、水（各適量・分量外）を混ぜた液を入れておく。
- 蒸し器に水（分量外）を入れて火にかけ、
  蒸気があがるようにしておく。
  中に水滴が落ちないよう、ふたに布巾を巻いておく。

作り方

1 大和いもは皮を剥いてすりおろし、ボウルに入れる。上白糖を3回に分けて加え、その都度混ぜる。さらに、木べらでプチプチと音がなるくらいまでよく練り混ぜ、ラップをかけて冷蔵庫で1時間ほど寝かせる。

2 別のボウルに上用粉を入れて1を加え、手前から折りたたむように混ぜる(a)。
※手でのばしたときに、プチッと切れるようになる(b)のが混ぜ上がりの目安。その状態になったところで止める。

3 2でボウルに残った上用粉を手粉としてバットに広げ、あれば手にミズキリ(P.95参照)を付ける。2の生地を出し、7等分にして丸める。

4 手のひらにバットの上用粉を取り、3を乗せて平らにする。あん玉を包み(c)、クッキングシートの上に間隔を空けて並べ、霧吹きで酢水を吹きかける。

5 予熱した蒸し器に入れ、強火で10分蒸す。

長いものみたらし団子
NAGAIMO YAM

水は使わず長いもの水分だけで
練り上げることで、
弾力のある噛み応え豊かな団子に仕上がります。

材料（器3個分）
◎団子
A
　長いも（皮を剥いてすりおろしたもの）　75g
　もち粉　50g
　上白糖　20g
片栗粉（手粉用）　適量

◎みたらしあん
B
　上白糖　大さじ2
　みりん　大さじ2と½
　水　大さじ2
　しょうゆ　大さじ1
水溶き片栗粉
　片栗粉　大さじ½
　水　大さじ1

下準備
・水溶き片栗粉は小さめの容器に溶いておく。

作り方

1 団子：耐熱ボウルにAを入れ、均一になるまで混ぜる。

2 ラップをかけて電子レンジで1分加熱して取り出し、濡れた木べらで全体をよく混ぜる。これを合計3回くり返す。全体が混ざったら、生地が持ち上がるくらい弾力が出るまで、力強く20回ほどこねる（a）。

a

3 片栗粉（手粉用）を広げたバットに2を出す。あれば手にミズキリ（P.95参照）を付けて、9等分にして丸める（b）。

4 みたらしあん：鍋にBを中火で熱し、煮詰める。水溶き片栗粉を溶き入れ、再度沸騰したら弱火にし、2分ほど煮詰める。

5 仕上げ：器に3を盛り、4をかける。

b

WRAPPING FOR GIFT
手土産で使えるラッピングアイディア

おうちで作って家族と楽しむのもいいですが、和菓子はちょっとした手土産にも最適です。「これ、私が作ったの」と言いながら友人同士の集まりで差し出せば、盛り上がること間違いなし。ここではそんなときに活用できる、ラッピングのアイディアをご紹介します。

白玉とあんは別々で

ずんだ餅などは、白玉とあんを笹の葉やハランで区切って別々に持っていくのがオススメ。抗菌作用もあり、餡や白玉から染み出す水分で各々が水っぽくなるのを防ぎます。ワックスペーパーでも同様の効果が期待できますが、葉の方が風情があって◎。お菓子に使う野菜と季節をそろえて、桜葉、柏葉、柿の葉を使っても。

自然の包材を活用

経木や竹の皮などを使ったラッピングも、和菓子にはぴったり。自然の包材が湿気を吸ったり吐いたりして湿度をキープしてくれるから、しっとりした大福やかすてらなどが乾いてパサパサになりにくい利点があります。逆にかりんとうや豆菓子などは、湿気てしまうので避けましょう。

個包装しても可愛らしくて◎

大福やどら焼きなどは一個一個を個包装して相手に渡すのも、雰囲気があって素敵です。半紙や和紙を使って包み、水引や経木の紐をくるっと巻くだけで、まるでお店で買ったみたい。紙の隙間や紐などに黒文字の楊枝を挟めば、見た目がかわいらしいだけでなく使い勝手も良くなるので、ぜひ試してみてください。

瓶&乾燥剤で湿気防止

キチンとふたを閉めて密閉可能な瓶に入れれば、おかきなど湿気が気になるものもカリッとした食感をキープしたまま手土産にできます。市販の乾燥剤を入れておくと、なお良し。また容器自体が頑丈なので、荷物と一緒に鞄に入れても中身が潰れてしまう心配が減ります。

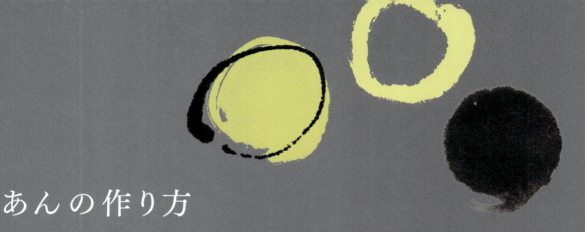

あんの作り方

本書のレシピに出てくる「つぶあん」「こしあん」「白こしあん」は
市販品でも作れますが、手作りのものをお使いいただいた方が
もっとおいしく仕上がります。慣れるまではなかなか難しい作業ですが、
ぜひ一番簡単な「つぶあん」からチャレンジしてみてください。
また「あんを包む」という工程（包あん）ですが、
和菓子作り初心者の方には難易度が高いと思います。
そこで基本的なあんの包み方と、それでも難しい人のための
簡易的な方法をこちらでご紹介します。

基本的なあんの包み方

1 のばした生地にあんを乗せる。

2 片手の親指と薬指で生地を上に引き上げたら、全ての指を使って回転させる。これを少しずつ繰り返し、あんを包んでいく。その際、同時にもう片方の手の人差し指で、1のあんをしっかりと押さえる。

3 ある程度あんを生地で包めたら、端の部分をつまんでくっつける。

簡易的なあんの包み方

1 のばした生地にあんを乗せ、人差し指であんを押さえる。

2 そのままひっくり返して、生地の端を下に向かってのばす。

3 再度ひっくり返し、のばした生地の端を指でつまんでくっつける。

つぶあん

どら焼きやブッセの生地に挟み込んだり、串団子にたっぷりかけたり……。こしあんと比べて、より強い"豆感"を堪能できるスタンダードなあんこです。

材料（約700g分）
小豆　500g
グラニュー糖　550g
重曹　小さじ1/3
水　適量

下準備
・小豆はザルに入れ、流水で米を研ぐように洗っておく。

1 鍋に小豆、高さ半分くらいまでの水を入れ、ふたをして強火で熱する。

2 沸騰したらふたを取り、10分ほど煮る。

3 湯の色が変わり、小豆がところどころシワシワになってきたらザルにあげる。
※茹で汁が紅茶色になるのが目安。

4 流水でしっかりと小豆を冷やす。

5 鍋に小豆を戻し入れ、たっぷりの水、重曹を加えてふたをして、強火で熱する。

6
沸騰したらふたを取り、途中でアクを取りながら 10 分ほど煮る。

7
小豆のシワが伸び、皮がピンと張って割れるものが出てきたらザルにあげ、流水でしっかりと小豆を冷やす。

8
鍋に小豆を戻し入れ、たっぷりの水を加えてふたをして、強火で熱する。

9
沸騰したらふたを取って弱火にし、小豆が軽く踊るくらいの火加減に調整する。30 分ほどそのまま煮る。

10
小豆が手で潰れるくらいになったらザルにあげ、別々のボウルに小豆と水分に分ける。（水分は捨てないように注意）

11
水分のボウルをしばらく置き、上澄みを捨てる。

12
小豆を鍋に戻し入れ、11 で分けた沈殿部分（呉）を加える。

13
グラニュー糖を 2 回に分けて加え、その都度縦に切るようによく混ぜながら中火で熱する。

↓

14
焦げないように注意しながら、練り混ぜる。

完成！

冷蔵で約 3 週間、冷凍で約 2 か月保存可能です。ただし、時間が経つにつれてあんこの風味が薄れていくので、2 週間程度で食べ切っていただくのをオススメします。冷凍保存する場合はしっかりと密閉しないと冷凍焼けするので、ご注意ください。

こしあん

しっとりとした、上品な味わいが魅力的なこしあん。つぶあんよりも手間と時間がかかりますが、その分、完成したときの喜びもひとしお。ぜひチャレンジしてみてください。

材料（約700g分）
小豆　500g
グラニュー糖　420g
水　適量

下準備
・小豆はザルに入れ、流水で米を研ぐように洗っておく。

1
鍋に小豆、高さ半分くらいまでの水を入れ、ふたをして強火で熱する。

2
沸騰したらふたを取り、10分ほど煮る。

3
湯の色が変わり、小豆がところどころシワシワになってきたらザルにあげる。
※茹で汁が紅茶色になるのが目安。

4
流水でしっかりと小豆を冷やす。

5
鍋に小豆を戻し入れ、たっぷりの水を加えてふたをして、強火で熱する。

6
沸騰したらふたを取り、途中でアクを取りながら10分ほど煮る。

7
小豆のシワが伸び、皮がピンと張って割れるものが出てきたらザルにあげ、流水でしっかりと小豆を冷やす。

8
鍋に小豆を戻し入れ、たっぷりの水を加えてふたをして、強火で熱する。

9
沸騰したらふたを取って弱火にし、小豆が軽く踊るくらいの火加減に調整する。30分ほどそのまま煮る。

10
小豆が手で潰れるくらいになったらザルにあげ、別々のボウルに小豆と水分に分ける。（水分は捨てないように注意）

11
小豆をおたまなどでよく潰して水分のボウルに入れ、ぐるぐるとかき混ぜる。

↓

12
11を濾し器で濾す。
※ときどきおたまで水の通り道を作ってやる。

↓

13
濾し器に残った小豆の皮を別のボウルに入れ、被るくらいの水を加えてよく洗う。
※皮に残った豆の中身を取り出すのが目的。

↓

14
13を再度、濾し器で濾す。
※皮にヌメリがなくなるまで13〜14をくり返す。（目安は2回ほど）

15
まんじゅう布巾を敷いた大きめのボウルに12〜14で濾した水分(P.83の工程11を参照し、上澄みを捨ててから)を入れ、固く絞る。

↓

16
布巾に残った中身(生あん)を鍋に取り出す。

17
グラニュー糖を2回に分けて加え、その都度縦に切るようによく混ぜながら中火で熱する。

※1回目に入れたグラニュー糖がしっかり溶けてから、2回目を入れる。

↓

18
焦げないように注意しながら、練り混ぜる。

完成！

冷蔵で約3週間、冷凍で約2か月保存可能です。ただし、時間が経つにつれてあんこの風味が薄れていくので、2週間程度で食べ切っていただくのをオススメします。冷凍保存する場合はしっかりと密閉しないと冷凍焼けするので、ご注意ください。

白こしあん

大福や練り切り、ようかんなど数多くのお菓子に使用する、豊かな甘みとなめらかな口当たりが特徴の白こしあん。こちらも手間がかかりますが、市販品との違いを味わってほしいです。

材料（約700g分）
手亡豆　500g
グラニュー糖　420g
水　適量

下準備
・手亡豆はザルに入れ、流水で米を研ぐように洗っておく。

1
鍋に手亡豆、高さ半分くらいまでの水を入れ、ふたをして強火で熱する。

2
沸騰したらふたを取り、手亡豆の2割ほどが透明になったらザルにあげる。

↓

3
流水でしっかりと手亡豆を冷やす。

4
鍋に手亡豆を戻し入れ、たっぷりの水を加えてふたをして、強火で熱する。

5
沸騰したらふたを取り、手亡豆が全て透明になったら豆が全て沈むまで差し水をする。

6
沸騰したら、豆が全て沈むまで再び差し水をする。

7
沸騰して手亡豆の皮がピンと張ってきたら、ザルにあげて流水でしっかりと冷やす。

8
鍋に手亡豆を戻し入れ、たっぷりの水を加えてふたをして、強火で熱する。

9
沸騰したらふたを取って弱火にし、手亡豆が泳ぐくらいの火加減に調整する。ふたをして30〜40分煮る。

10
手亡豆が手で潰れるくらいになったらザルにあげ、別々のボウルに手亡豆と水分に分ける。（水分は捨てないように注意）

11
手亡豆をおたまなどでよく潰して水分のボウルに入れ、ぐるぐるとかき混ぜる。

↓

12
11を濾し器で濾す。
※ときどきおたまで水の通り道を作ってやる。

↓

13
濾し器に残った手亡豆の皮を別のボウルに入れ、被るくらいの水を加えてよく洗う。
※皮に残った豆の中身を取り出すのが目的。

↓

14
13を再度、濾し器で濾す。
※皮にヌメリがなくなるまで13〜14をくり返す。（目安は2回ほど）

18
焦げないように注意しながら、練り混ぜる。

15
まんじゅう布巾を敷いた大きめのボウルに12〜14で濾した水分(P.83の工程11を参照し、上澄みを捨ててから)を入れ、固く絞る。

完成！

冷蔵で約3週間、冷凍で約2か月保存可能です。ただし、時間が経つにつれてあんこの風味が薄れていくので、2週間程度で食べ切っていただくのをオススメします。冷凍保存する場合はしっかりと密閉しないと冷凍焼けするので、ご注意ください。

↓

16
布巾に残った中身(生あん)を取り出し、鍋に入れる。

17
グラニュー糖を2回に分けて加え、その都度縦に切るようによく混ぜながら中火で熱する。
※1回目に入れたグラニュー糖がしっかり溶け出してから、2回目を入れる。

※「野菜あん」は冷蔵で約3日、冷凍で約2週間保存可能です。
野菜が入っている分、一般的なあんより消費期限がずっと短くなるので、ご注意ください。

そら豆あん

色鮮やかなそら豆あんは、
豆の風味が非常に豊か。

材料（約300g分）
そら豆（さやから出したもの）170g
白こしあん　210g

下準備
・そら豆は黒い筋の部分に包丁で切れ目を入れておく(a)。

作り方
1　そら豆は水（分量外）にくぐらせて耐熱ボウルに入れ、ラップをかけて電子レンジで3分加熱する。火傷に注意しながら皮を剥く。
2　1をフードプロセッサーで撹拌し、白こしあんを数回に分けて加えてさらに撹拌する(b.c)。
3　ボウルに戻し入れ、木べらでしっかりと混ぜ合わせる。

a

b

c

さつまいもあん

やさしく懐かしい、
素朴な甘みが魅力です。

材料（約300g分）
さつまいも（皮を剥いたもの）110g
白こしあん　210g

下準備
・さつまいもは一口大に切っておく。

作り方
1　さつまいもは耐熱ボウルに入れてラップをかけ、電子レンジで2分加熱する。
2　1をフードプロセッサーで撹拌し、白こしあんを数回に分けて加えてさらに撹拌する。
3　ボウルに戻し入れ、木べらでしっかりと混ぜ合わせる。

材料(約300g分)
かぼちゃ（皮を剥いて種を取ったもの）　110g
白こしあん　210g

下準備
・かぼちゃは一口大に切っておく。

作り方
1 かぼちゃは耐熱ボウルに入れてラップをかけ、電子レンジで2分加熱する。
2 1をフードプロセッサーで撹拌し、白こしあんを数回に分けて加えてさらに撹拌する(a)。
3 ボウルに戻し入れ、木べらでしっかりと混ぜ合わせる。

濃厚なかぼちゃあんは、
もったりとした葛練などと
相性抜群。

材料(約300g分)
紫いも（皮を剥いたもの）　110g
白こしあん　210g

下準備
・紫いもは一口大に切っておく。

作り方
1 紫いもは耐熱ボウルに入れてラップをかけ、電子レンジで2分加熱する。
2 1をフードプロセッサーで撹拌し、白こしあんを数回に分けて加えてさらに撹拌する。
3 ボウルに戻し入れ、木べらでしっかりと混ぜ合わせる。

甘さ控えめの、あっさりした
味わいがポイントです。

INGREDIENTS FOR WAGASHI
和菓子作りに使用する主な材料

本書に掲載しているさまざまな種類の和菓子作りに使用する、主な材料を紹介します。
なかには一般的なスーパーマーケットで手に入りにくいものもあるので、
なかなか見つからない場合はネットショップや専門店を覗いてみてください。

主な粉類

1_ 上新粉
洗って乾燥させたうるち米を挽いて作った粉で、芳ばしい香りが特徴。本書では「しょっぱい系」のお菓子に使用。

2_ 片栗粉
昔は違ったが、現在ではじゃがいものデンプンから作られることの多い粉。大福の手粉に使うほか、生地の固さを微調整する重要な役割も。

3_ 葛粉
葛の根から作るデンプンで、仕上がりのモッチリ感は格別。より高価で希少な「本葛粉」もあるが、普段使いには葛粉で充分。

4_ 道明寺粉
もち米から作った粉で、商品によって粒子の粗さが異なる。モチモチ感を楽しみたい場合は粗めのものを、舌触りを楽しみたい場合は細かめのものを使うと◎。

5_ 白玉粉
洗ったもち米を挽いて、乾燥させたもの。仕上がりはつるんとした食感で、名前のとおり白玉団子作りのほか、練り切り生地にも使う。

6_ わらび粉
その名のとおり、わらびから作るデンプン。より高価な「本わらび粉」もあるが、野菜の色がより鮮やかに出るので、本書では普通のわらび粉を使用。

7_ 上用粉
上新粉と同じ製法で、粒子をより細かくしたもの。値段は他の粉類と比べて少し高いが、薯蕷まんじゅう作りには欠かせない。

8_ 薄力粉
グルテンの含有量が少なく、粒子のキメが細かい小麦粉。強力粉と比べ、粘り気が少なく弾力が弱めに仕上がる。

9_ もち粉
洗って乾燥させたもち米を挽いたもので、米の風味が強い。大福や団子などによく使用し、和菓子作りを始めるなら常備しておきたい粉のひとつ。

10_ 強力粉
薄力粉、中力粉と比べてグルテンの含有量が多い小麦粉。粘り気、弾力ともに強いのが特徴。

砂糖類

11_ 上白糖
一般的な砂糖。水分を多く含むしっとりとした質感で、生地や液に馴染みやすい。

12_ 黒糖
サトウキビの汁を煮詰めて作る砂糖類で、濃厚で強い甘みが特徴。

13_ グラニュー糖
上白糖と比べ、甘さ控えめですっきりとした味わいの砂糖。

14_ ざらめ糖
食感を楽しみたいときに活躍する。本書ではかすてらに使用。

15_ 水飴
和菓子作りでは、甘み以外に防腐効果を期待して使われることもある砂糖類。

豆類

16_ 小豆
別名「ショウズ」とも呼ばれる、つぶあん・こしあんの原料。北海道産のものが特にオススメ。

17_ 手亡豆
白小豆よりも手に入りやすいのが魅力。こちらも小豆と同じく、北海道産を使うとよい。

※小豆、手亡豆ともに、広大な大地で作られる北海道産は品質が安定しているため使いやすい。

その他

18_ ベーキングパウダー
別名「ふくらし粉」。お菓子作りなどに用いる膨張剤。

19_ 重曹
蒸しまんじゅうなどのふくらし粉として使用。

20_ 粉寒天
あんみつの寒天部分などに使う、海藻由来の素材。

21_ きな粉
甘いお菓子以外に、しょっぱいお菓子に使うのもオススメ。

TOOL FOR WAGASHI
和菓子作りに使用する主な道具・型

加熱する

1_ 鍋
あんを練り上げるときに使用する、やや大型(直径 24cm ほど)の鍋。大量の豆と水を入れるため、ある程度の深さ(最低でも 10cm ほど)があったほうが作業しやすい。

2_ 蒸し器
下段に入れた水を沸騰させ、その蒸気で上段の菓子を蒸す。まんじゅう系の和菓子は一度にある程度の個数を作ることが多いので、直径 26cm ほどあるのが好ましい。

3_ フライパン
甘納豆の水分を飛ばしたり、どら焼きを焼いたりするときなどに使用。直径 26cm ほどの大きさがあると便利。

4_ 片手鍋
鍋ごと氷水に入れて中身を冷やすこともあるので、あまり大きすぎない直径 20cm ほどのものが、使い勝手良し。

練る・混ぜる

5_ 泡立て器
粉と水を混ぜたり、卵を泡立てたりするのに使う。

6_ ゴムべら・木べら
加熱しながら生地を混ぜたり、炊いているあんを練ったりする用のへら。作業工程によって、柔軟性のあるゴム製がよかったり堅い木製がよかったりするので、両方持っておくと便利。

7_ 耐熱ボウル
泡立て器やへらと一緒に、生地を混ぜたりするのに使用。直径 20cm ほどのものを複数用意しておくと、作業しやすい。レンジにかけることもあるため、耐熱であるかも要確認。

攪拌する・濾す・絞る

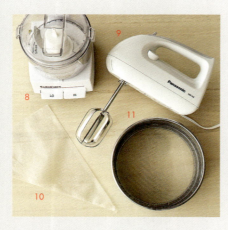

8_ フードプロセッサー
野菜などを細かく攪拌するための道具。

9_ ハンドミキサー
卵やクリームを攪拌するときに使う。

10_ 絞り袋
ブッセの生地をオーブンの天板に絞り出すときに使用する袋。口金はなくてOK。

11_ 濾し器
攪拌した野菜を濾し出すときなどに使用。その他、練り切りに飾りをつけるときには小型の茶濾しなどを用意しておくと、使い勝手が良い。

本書のレシピで使用する、主な道具・型を紹介します。
材料と同じく、中には専門的なものもあるので(特に型)、
お店で見つからない場合はネットショップなどをチェックしてみてください。

のばす・細工する

12_ 麺棒
生地をのばすときに使用する。

13_ 箸
練り切りに細工したり、目印を付けたりするのに使用。頭の部分が尖ったり角ばったりしていない、丸みのあるものを選んで。

14_ 木製バターナイフ
練り切りに細工するために使用。100円ショップなどで売っているもので、充分使える。金属製よりニュアンスが出やすいので、木製がオススメ。

型

15_ 半月状ようかん型
長さ約37cm×幅約5.5cm×高さ約4cm(外寸)で、半月状になった型。葛練などに使いやすい。

16_ 玉子豆腐型(小)
長さ約14cm×幅約7.7cm×高さ約4.6cm(外寸)の、玉子豆腐用の型。アボカドのようかんなどに使用。

17_ 玉子豆腐型(大)
長さ約17.1cm×幅約13.6cm×高さ約4.6cm(外寸)の、玉子豆腐用の型。にんじんのかすてらなどに使用。
※本書では、大・小ともに玉子豆腐型に付属の「抜き型」は使わない。

その他

18_ 霧吹き
蒸し器で加熱する前のまんじゅうを、軽く湿らせたりするのに使う。100円ショップのものでOK。

19_ まんじゅう布巾
こしあんを絞るときなどに使用する、和菓子作り用の布巾。

20_ ガーゼ
茶巾絞りに使用。

21_ デジタルスケール
粉などの計量に使う。0.1g単位まで量れるもの。

22_ ミズキリ
包あんなどの際に手に付ける、食用の固形油。熱くてベトついた生地を細工するときに使うと、手粉を使うより格段に手離れしやすく、スムーズに作業が進む。
※「ミズキリ」への問い合わせはP.96掲載の鈴忠商店まで

勝木友香(左)／**清水かをり**(右)

放送作家・料理研究家として活動中の勝木友香と、ニューヨークで最先端の食のトレンドを学んだ清水かをりの2人。季節の野菜を使った和菓子で二十四節季を表現する「二十四節季 野菜の和菓子」を発案。「身近な野菜を活用したカラダとココロにやさしい和菓子を大切な人へ」をコンセプトに、日々、レシピ開発とトレンド探求に勤しんでいる。

おうちで作れる
野菜の和菓子

2019年9月30日　初版第1刷発行

著　者　勝木友香・清水かをり
発行者　滝口直樹
発行所　株式会社 マイナビ出版
　　　　〒101-0003 東京都千代田区一ツ橋2-6-3　一ツ橋ビル2F
　　　　TEL 0480-38-6872（注文専用ダイヤル）
　　　　　　03-3556-2731（販売部）03-3556-2735（編集部）
　　　　E-MAIL pc-books@mynavi.jp
　　　　URL http://book.mynavi.jp
印刷・製本　株式会社大丸グラフィックス

○ 定価はカバーに記載しています。
○ 本書は著作権法上の保護を受けています。
　本書の一部または全部について、著者、発行者の許諾を得ずに無断で複写、複製（コピー）、転載、翻訳することは禁じられています。
○ 内容については上記のメールアドレスまでお問い合わせください。
　インターネット環境のない方は、往復ハガキまたは返信用切手と返信用封筒を同封のうえ、株式会社マイナビ出版 編集2部書籍編集1課までご質問内容を郵送ください。
○ 乱丁・落丁については TEL: 0480-38-6872（注文専用ダイヤル）、
　もしくは電子メール：sas@mynavi.jp までお問い合わせください。

ISBN978-4-8399-6871-7 C5077
©Yuhka Katsuki 2019　©Kawori Shimizu 2019
©Mynavi Publishing Corporation 2019
Printed in Japan

撮影　福尾美雪
スタイリング・ラッピング(P.80)監修　駒井京子
デザイン　福間優子
イラスト　サトウアサミ
校正　西進社
編集　畑 乃里繁

企画協力
米村亜希子／山本大輔／youichi
鈴忠商店（TEL 03-3625-4581）

撮影アシスタント
勝木千美子／清水千恵子